Saartje

Esther Vliegenthart

Colofon

Geschreven door:
Esther Vliegenthart

Illustraties van:
Esther Vliegenthart

Uitgegeven door:
Graviant educatieve uitgaven, Doetinchem

© november 2015

Dit werk is auteursrechtelijk beschermd.
Copyright en overige rechten blijven voorbehouden aan:
Graviant educatieve uitgaven, Doetinchem,
telefoon 0314-345400. Niets uit deze uitgave mag worden
verveelvoudigd en/of openbaar gemaakt door middel van druk,
fotokopie, microfilm of op welke wijze dan ook, zonder voorafgaande
schriftelijke toestemming van de uitgever.

ISBN 978-9491337611

Hoewel dit boek met zorg is samengesteld, aanvaarden de auteur
noch de uitgever enige aansprakelijkheid voor het feit
dat het gebruik van hetgeen geboden niet aan de behoeften
of de verwachtingen van de eindverbruiker voldoet, noch
voor eventuele fouten of onvolkomenheden.

Woord vooraf

Ik ben de trotse moeder van drie kinderen: twee lieve dochters en een prachtige zoon. Mijn zoon heeft autisme en ziet de wereld anders dan ik. Hij ervaart geluid, beeld en tast heel anders dan dat ik dat doe. Dat was vooral goed te merken in zijn heel jonge jaren. Hij wilde soms wel voorgelezen worden, maar keek liever niet naar de felgekleurde plaatjes of de figuurtjes in de boeken die overal weer oogcontact maakten met de lezer. Ook konden sommige verhaaltjes hem van streek maken en hem meer chaos in zijn hoofd geven dan hij al had. Dat hadden we toen niet direct door, maar nu hij 7 is en we heel veel met en over hem leren, weten we dat de meeste boekjes voor kleuters voor hem niet geschikt waren. Ik, als boeken- en taalliefhebber, vind dat heel jammer. Ik zou graag zien dat alle kinderen kunnen genieten van verhalen en plaatjes.

Ik wilde daarom een boek maken waar kinderen zich veilig bij voelen, rustig kunnen worden door herkenning met een verhaal waarin geen eigen interpretatie van de kinderen wordt verwacht om zo te voorkomen dat een boek lezen nog meer vragen en onzekerheid bij de kinderen oproept dan ze al hadden. Maar bovenal wilde ik een boek maken om deze kinderen te leren: je bent mooi zoals je bent, je bent goed zoals je bent!

Midden in een heel groot bos
Net voorbij de paddenstoel
Staat een heel lief eekhoornhuisje
Je ziet vast al welke ik bedoel

Daar woont Saartje met haar ouders
En met haar knuffel muis
En als papa dan gaat werken
Blijft Saartje met haar mama thuis

Mama gaat dan poetsen
En maakt alles heel goed schoon
Saartje moet dan zelf wat spelen
Maar dat is voor haar niet zo gewoon

Saartje vindt het vaak heel moeilijk
Om te kiezen wat ze spelen moet
Daarom heeft mama een doos gemaakt
Waarin ze allemaal kaartjes doet

Elke dag pakt ze een kaart
En op die kaart daar staat
Wat Saartje zal gaan doen die dag
Waar ze fijn mee spelen gaat

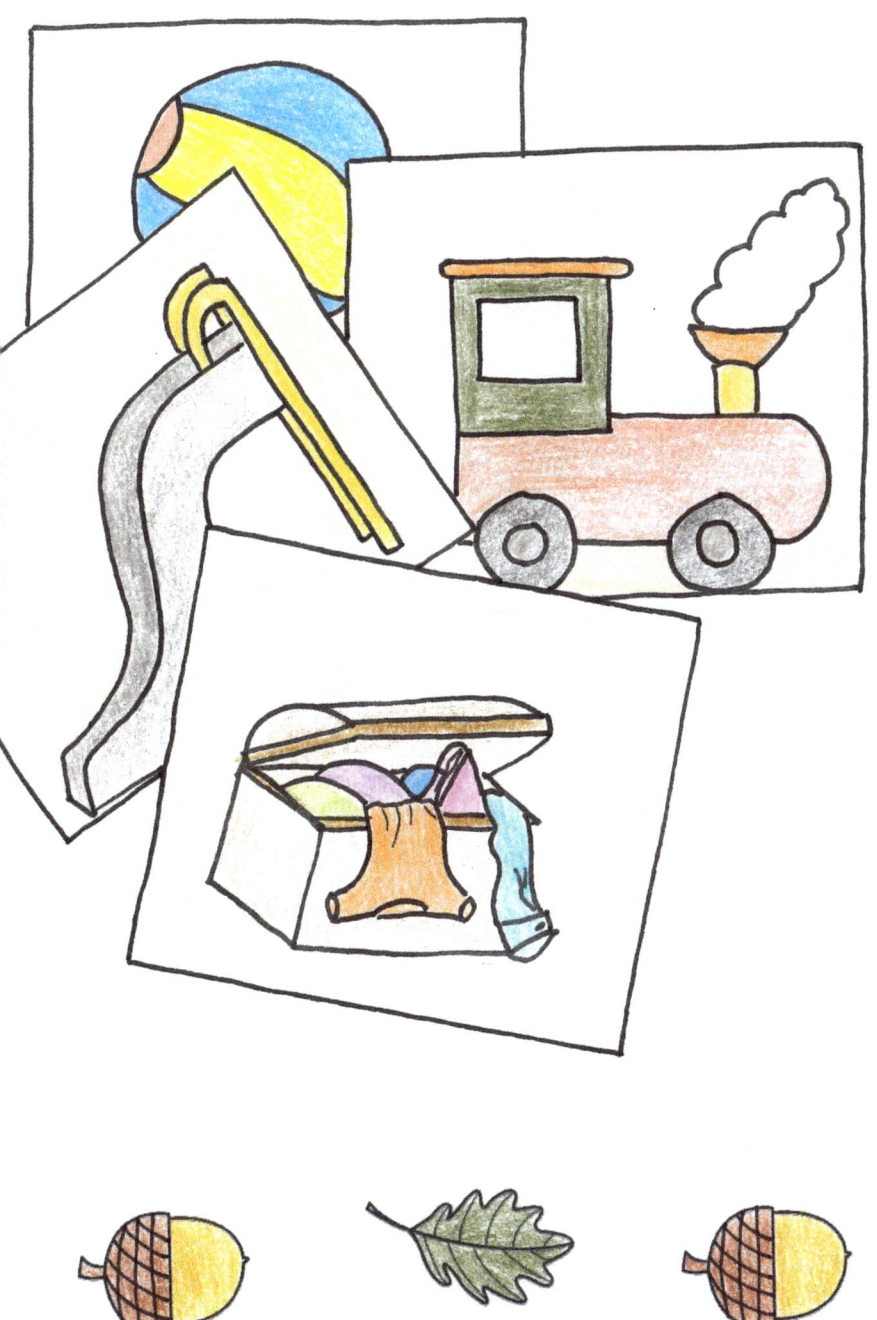

Op het kaartje staat een kist
Verkleden, dat is wat ze mag!
Mama brengt de kleren al
Het wordt een leuke dag

Kijk, hier heeft Saartje al iets aan
Een helm, een jas, een waterspuit
Oh, Saartje is een brandweerman
Wat ziet ze er mooi uit!

Een ooglap voor, een doekje om
En rafels aan haar broek?
Ze lijkt wel een piraat,
Zo eentje uit een boek!

Maar kijk ze heeft het alweer uit
En heeft iets anders uitgekozen
Een mooie roze hoed en jurk
En wangetjes die blozen!

Als de kleren dan zijn opgeruimd
En alles is weer zoals het was
Dan is Saartje Saartje weer
Precies zoals ze was

Aan het einde van de dag
Als de klok op 6 uur staat
Komt papa uit zijn werk
Dan weet ze dat ze aan tafel gaat

Wanneer het eten op is
En de afwas is gedaan
Gaat Saartje fijn in bad
En trekt daarna haar pyjama aan

Nu gaat Saartje lekker slapen
Dromen van de fijne dag
Ze droomt dan van verkleden
En van alles wat ze morgen spelen mag.

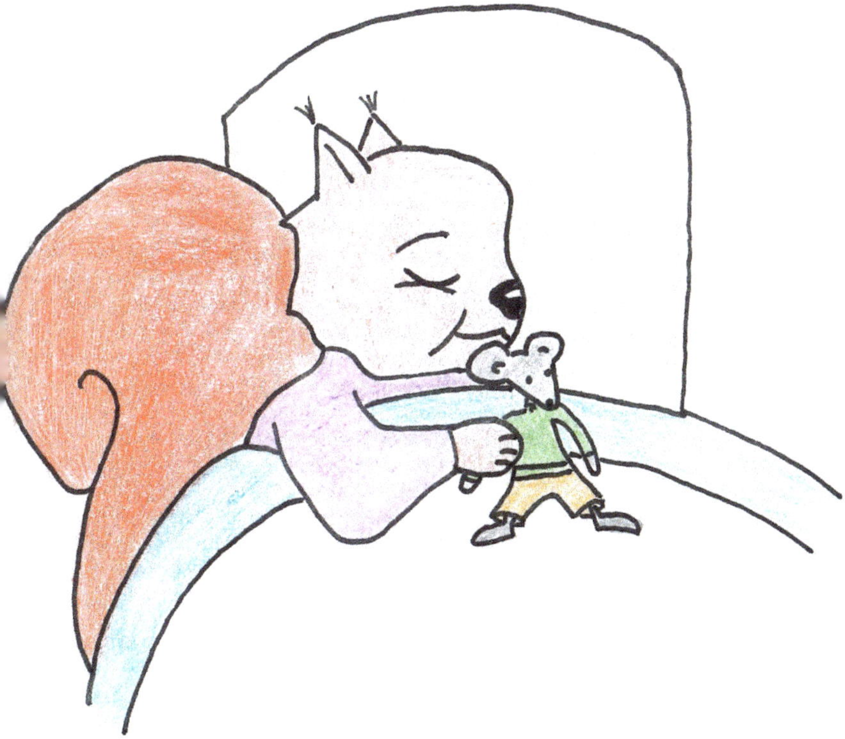

Over dit boek

Kinderen met autisme wordt vaak geleerd dat ze zich moeten aanpassen aan onze wereld en beleving, omdat ze anders spelen, anders communiceren en hun omgeving anders in zich opnemen. Ik heb als moeder mogen ervaren dat anders niet altijd makkelijk is, maar wel heel mooi kan zijn wanneer je je ervoor open stelt. Zoals de dichter Hans Andreus dat zo mooi verwoordt: "je bent zo mooi anders dan ik, natuurlijk niet meer of minder, maar zo mooi anders, ik zou je nooit anders dan anders willen".

Kortom, ik was op zoek naar een boek dat rekening hield met de taal- en prikkelverwerking van kinderen met autisme. Een boek waar kinderen met autisme zich in de hoofdpersoon kunnen herkennen, kunnen denken "hee, zo gaat dat mij bij thuis ook" of "wat leuk, zo speel ik ook". Een boekje met plaatjes in aangepaste kleuren, met ogen die de kinderen niet direct aankijken en geschreven vanuit hun wereld. Zo ontstonden de verhalen over Saartje.

Ik wens alle ouders en kinderen met en zonder autisme veel plezier bij het lezen van de verhalen over Saartje.

Tot slot wil ik mijn mooie zoon Marijn bedanken voor alles wat hij mij leert over zijn bijzondere wereld en mijn man voor zijn vertrouwen!

www.ingramcontent.com/pod-product-compliance
Lightning Source LLC
Chambersburg PA
CBHW040805150426
42813CB00056B/2661